Josemar Bosi

DIVAGAR LENTAMENTE

Editado conforme novo Acordo Ortográfico

Concepção Título e Capa:
Lucas Leal Bosi

Revisão:
J. Bianchi

Edição: 09/2018

Contém

721 Pensamentos

Eu não queria ser uma pessoa iluminada, eu queria ter luz própria...!

***

À medida que prorrogamos as decisões, antecipamos as catástrofes.

***

Às vezes, saímos apressados, perseguindo a felicidade, e nem notamos que ela vem logo atrás, desesperada, tentando nos alcançar.

***

A verdadeira fé é como o oxigênio, não se vê, mas é fácil sentir a sua falta.

***

Peculato é o crime que mais condena inocentes à morte.

***

Para construir o infinito, se gasta o mesmo tempo.

***

No jogo da vida, às vezes, o vitorioso é aquele que opta pela derrota, para conquistar o seu oponente.

***

Ensino a distância é muito mais seguro... para o professor.

***

Às vezes a casa é cheirosa, só para ocultar outros odores.

***

Não devemos ser muito transparentes, senão podemos desaparecer.

***

A natureza não castiga ninguém, apenas devolve o tratamento que recebe.

***

Pena de morte é, deveras, severa e cruel, por isso, por ora, só os bandidos usufruem desta prerrogativa.

***

Tudo o que falta para a sociedade... é justamente o montante que dela foi desviado.

***

Meu amigo defende, ferrenhamente, a "livre manifestação de pensamento"; tanto que não admite que ninguém seja contra o seu.

***

Pior do que desvendar uma mentira... é depois conviver com ela.

***

O amor e a amizade, quando verdadeiros, nascem no tamanho certo, não crescem nem morrem com o tempo. Já o ódio e a raiva brotam raquíticos, mas, se forem nutridos pela discórdia, tornam-se gigantescos. No entanto, a decepção, sozinha, implode os maiores castelos.

***

Se "vai doer", seja logo o primeiro da fila, porque senão sentirá a dor de todos que estão à sua frente.

***

Quando te sentires sozinho, lembra-te: tens ao teu lado a melhor companhia: Deus.

***

Não podemos criticar o espelho pela má qualidade da imagem que vemos.

***

Somos aquilo que demonstramos quando não precisamos de ninguém.

***

Criticar inconsequente... é coçar vira-lata sarnento.

***

Quem explora um ser humano está sendo explorado pelas forças do mal.

***

Deus procurou nos demonstrar, através da lagarta, que um dia poderemos até estar rastejando, mas noutro, se quisermos, voaremos sobre flores.

***

Quando o coração substitui o cérebro, o julgamento não é imparcial.

***

Por mais que você procure igualar a luz irmãmente, sempre haverá aquele que verá um lado mais iluminado que o outro.

***

Quando o show é de graça, quem não vai também paga.

***

Se você não gosta do que faz, então faça direito, para que pelo menos os outros gostem.

***

Impossível é uma palavra que, às vezes, deixa de ser.

***

Hoje em dia só existe um tipo de bobo: aquele que pensa que encontrou um.

***

A partir do momento em que se tocou na semente, se modificou a planta.

***

Quando estendemos a mão para alguém, melhoramos o nosso equilíbrio.

***

A desonestidade pode nos levar à (a) riqueza, mas nunca à (a) felicidade.

***

Cada momento feliz que vivemos é um presente de Deus, e quando o dividimos com alguém, realizamos o milagre da multiplicação.

***

Às vezes, o espírito quer voar, mas o corpo sente que já perdeu as asas.

***

Somos criaturas maleáveis, o impacto do primeiro momento nos deforma, mas o tempo nos molda.

***

O único "auxílio" que deveria ser legalmente permitido, para alguns políticos, é o auxílio-funeral.

***

Às vezes julgamos que uma pessoa briga com todo mundo, sem nos darmos conta que, aos olhos dela, é todo mundo que briga com ela.

***

Algumas pessoas vencem usando a parte de cima, outras, a parte de baixo.

***

Se você for para o caminho das drogas, passará a vida inteira... morto.

***

A beleza interior dos íntegros, com o passar do tempo, fica mais bonita.

***

O governo precisa parar de cortar os dedos dos honestos para que os desonestos não lhes usurpem os anéis.

***

Quando alguém se avalia pelos maus, ele próprio não é grande coisa.

***

Entre a palavra e a ação existem muitas barreiras; três são bem conhecidas: atitude, preguiça e resignação.

***

O cavalo recua porque não conhece a força que tem, o homem, às vezes, também.

***

Quem se candidata a espelho, precisa zelar pela imagem que reflete.

***

Meus amigos dizem que eu não concordo com ninguém, embora eu concorde com eles.

***

O ser humano só se conscientizará que não pode haver felicidade apenas para uma parte da população, quando todos se sentirem infelizes.

***

Uns, se pervertem por falta de comida, outros, por falta de caráter.

***

Se ficarmos sempre desejando mais, não saborearemos o pouco que temos.

***

Só reconhece uma "pessoa de ouro", quem é feito do mesmo material.

***

A necessidade, sim, gera um ladrão; já, a falta de caráter, revela o oportunista.

***

Um amigo meu, preocupado como o seu passado, resolveu fazer uma regressão... acordou latindo.

***

Realmente, "somos o que comemos", por analogia, o mundo será o que jogarmos fora.

***

É desagradável para as pessoas... quando o dono do cachorro é um porco.

***

O leme do homem é a sua força de vontade e um barco sem leme pode bater nas pedras, encalhar na praia ou perder-se em alto-mar.

***

Os terráqueos só sentirão que o Planeta é um bem comum, quando tiverem também, um inimigo.

***

O destino, às vezes, pode até desenhar o seu caminho, mas quem decide de quais cores pintá-lo... é você.

***

Muitos se trancam no quarto da certeza por medo de enfrentar o desconhecido.

***

Um Poder podre... apodrece o povo.

***

Só os inferiores se julgam superiores.

***

Será que é só a lagartixa que quando se vê apertada solta o rabo...?!

***

Qualquer regime político é bom... quando os governantes são honestos.

***

Aquele que ataca com ódio... se espanca por dentro.

***

Se matarmos todas as asquerosas lagartas, não mais admiraremos as lindas borboletas.

***

Tem muita gente reivindicando "direitos", esquecendo que em primeiro lugar vêm os "deveres".

***

Não existem dois rostos iguais, dois sorrisos idênticos, no entanto somos retalhos do mesmo tecido.

***

Neste mundo ninguém entrou de penetra, cada um foi minuciosamente convidado, portanto, não envergonhe o Anfitrião.

***

Geralmente, tudo que não se compra, só aumenta quando é dividido.

***

Todo casal, quando discute, geralmente um ganha, mas, sempre, os dois perdem.

***

13

Às vezes, uma pequena frase ensina mais que um grosso livro.

***

Quando se altera a essência de um grão, corre-se o risco de matar a humanidade de fome.

***

A unanimidade sempre é honesta, porque o corrupto só compra a maioria.

***

Não lhe é permitido mudar uma vírgula do passado, tampouco prever o futuro, mas você redige o presente.

***

O fanatismo rouba do indivíduo o bom-senso, a lucidez, a educação e faz dele um títere humano.

***

A Saudade é apenas uma, das muitas sequelas do Adeus.

***

Tem mais valor uma vela acesa na escuridão... do que uma enorme fogueira queimando na luz do dia.

***

O governo anda tão desorganizado que chama o crime de organizado.

***

Para se adotar uma criança é imprescindível a apresentação de inúmeros documentos, para fazê-la, nenhum.

***

A verdade já está pronta, a mentira precisa ser inventada... a escolha é sua.

***

O que separa a liberdade da anarquia é a educação da Sociedade.

***

Algumas vergonhas do passado, que muitos deram a vida para tentar consertá-las, hoje são difundidas quase como virtudes.

***

Hoje em dia ninguém precisa ter boa memória, basta ter Internet.

***

A sinceridade é uma arma que nunca masca, mas poucos a disparam.

***

O problema do Governo não são os impostos que deixa de arrecadar, e sim, os impostos recolhidos que são "desperdiçados".

***

O torcedor do time vice-campeão sai do estádio triste; já o torcedor do time que escapou do rebaixamento sai do estádio feliz da vida.

***

Não é a mentira que tem pernas curtas, e sim, a verdade que voa.

***

Alguns tentam fazer das Redes Sociais, a pior das mídias subversivas.

***

A noite foi feita apenas para o Tempo descansar, em silêncio, do dia agitado que teve.

***

O risco de esperar um assunto "amadurecer", é ele apodrecer e cair... no esquecimento.

***

Assim como os antigos achavam que a terra era plana e que o sol girava ao seu redor, não me surpreenderei se o universo for finito.

***

No Congresso Nacional não pode haver opositores nem aliados, muito menos negociatas, e sim, todos empenhados num único sentido: trabalhar a favor do Brasil.

***

Para algumas pessoas a democracia é linda, é bem-vinda, é admirada, é respeitada, é a melhor forma de governo... desde que o resultado lhe seja sempre favorável.

***

Dinheiro público deve ser tratado como Hóstia Consagrada.

***

Quem faz as leis não pode temê-las, caso contrário, a pena será sempre suave, e, em alguns casos, assemelhar-se a um prêmio.

***

O politiqueiro, na maior cara de pau, vende seu peixe temperado do engodo que melhor lhe prouver no momento.

***

Geralmente, a crítica, quando demagógica, começa com um velado elogio.

***

Não basta ser honesto com os outros, é preciso também ser honesto consigo mesmo.

***

Só há uma maneira do ser humano voltar no tempo: colocar sobre uma mesa, em ordem decrescente, as fotos de sua vida.

***

Aquele que não arrisca, não erra, mas perde a chance de acertar.

***

O voto é secreto. Ninguém vai saber nunca em quem você votou; nem mesmo você.

***

Tem gente que fica esperando desencantar, quem nunca esteve encantado...!

*****

A vida nada mais é do que um trabalho na empresa de Deus... Uns sabem que estão batendo o último cartão de ponto, outros, são demitidos sem aviso-prévio.

*****

Aquele que propaga fogo, jamais pensa que irá se queimar.

*****

Existem dois tipos de profetas sem futuro: um que quer revelar o início do oitavo dia e outro, que quer adivinhar o fim do sétimo.

*****

Devemos comparar o nosso Planeta com um hotel que não pode receber mais hóspedes do que suporta sua infraestrutura.

*****

A televisão não acabou com o cinema, mas o smartphone, talvez, acabe com os dois.

***

Às vezes, a solução não é resolver os problemas, e sim, eliminar as causas.

***

Está havendo uma "chuva" de milagres que está despertando até a desconfiança de Deus.

***

Se o voto fosse facultativo, com certeza, haveria forte campanha para torná-lo obrigatório.

***

Chazinho é excelente para quem está ótimo.
Chá dançante... melhor ainda.

***

Alguns ainda entendem como sendo "democracia", o direito de retirar a liberdade de escolha dos outros...!

***

Só quero ver como a humanidade vai proceder quando "quase" todos forem bandidos.

***

Algumas pessoas gostam muito da sombra, mas na hora da seca não querem regar a árvore.

***

Se o jogo é de azar, quem tem sorte ganha...?

***

Somente os idiotas chamam os imbecis de burros, e vice-versa.

***

É salutar os povos tomarem cuidado com o "câncer do mundo".

***

Assim como um tênue fio de linha nos fornece equilíbrio, uma gota de esperança sustenta toda a nossa fé.

***

Quem perde tempo apontando os defeitos do oponente, é porque não tem virtudes para mostrar.

***

Começo a acreditar que está próximo o Fim dos Tempos, pois assisto aos reclames dos lobos vestidos de ovelhas.

***

Dizem que errar "uma vez" é humano; errar "duas vezes" é burrice; agora, se a grande maioria pensar diferente de você, por "três vezes" seguidas, é prudente, na "quarta vez", voltar ao início e avaliar porque você erra tanto...!...

***

Se a pressa fosse inimiga da perfeição, o bicho-preguiça seria a própria.

***

O primordial "Plano de Governo", da Oposição, é tomar o poder da Situação.

***

Se a causa é nobre justifica o ato plebeu.

***

Parece que o mundo virou uma pizzaria a céu aberto...

***

Repare: alguns malucos chamam os outros de "doentes"...!

***

Bem que o capiau sempre murmurava: eu cá pra mim, de quando em vez, não acredito que o homem tá evoluindo...!

***

O sono, realmente alimenta, e muito... a prova disso é que eu estou engordando.

***

Aquele que vende muito gato por lebre, quando tiver lebre para vender, não encontrará comprador.

***

Quando a safra é de "frutas" pequenas, uma média se torna "a maior".

***

Precisamos ressocializar, urgentemente, os nossos políticos.

***

Pensar muito sobre o tempo é perdê-lo.

***

Dependendo do motivo da fila, os últimos podem ser os mais invejados.

***

Quando o desespero se alia ao azar, faz até gol contra.

***

No futebol, treinamento, entrosamento e determinação podem até influenciar no jogo, entretanto, é a sorte que determina o resultado.

***

Fogos estouram e só deixam dor no ouvido, e ninguém reclama, então por que reclamar da copa do mundo?

***

Muitos sonhadores perseguem tesouros quiméricos, escavando em terras alheias distantes, poucos são os que vasculham, primeiramente, no quintal da própria alma.

***

Quanto mais os credos se multiplicam, mais a sociedade se divide.

***

O homem provocará, em breve, um motim no mundo.

***

Muitos querem vender o caminho do sucesso para os outros, enquanto eles próprios amargam na estrada do fracasso.

***

Devemos, sim, dar uma segunda chance a quem erra, afinal, todos têm o direito de fracassar uma vez, pois não é sempre que se está disposto a estudar para uma prova...!

***

Quanto mais o Estado demorar para implantar a pena de morte, mais inocentes morrerão.

***

O gasto para gerenciar a conduta da classe política, está se equiparando ao alto salário da mesma... inclusive os desvios, é claro.

***

Espero que um dia o homem evolua de fato, e retroceda ao seu ponto de equilíbrio.

***

De um sonho não se desiste, se acorda.

***

- O imã sempre me atraiu – dizia o Homem de Ferro.

***

O ser humano está tão modificado, que um cão abandonado causa mais comoção do que uma criança dormindo ao relento.

***

O trânsito é, de fato, uma novela, o ruim é que todo dia repete o mesmo capítulo.

***

Estamos permitindo o aparecimento de muitos "Robin Hood"... às avessas.

***

Das mortes estúpidas que eu vejo, só me conformo com a do zangão.

***

Se a biografia não é autorizada... o livro deve ser lido como ficção.

***

Muitos têm saúde e disposição para roubar, mas quando são pegos, ficam - seriamente - doentes de morte.

***

Estamos analisando muito os erros do passado sem corrigi-los, com certeza, lamentaremos no futuro.

***

Se a Realidade continuar a se aproximar da Ficção, chegará o dia em que uma das duas irá acabar.

***

Lutar pela legalização de um malefício é o mesmo que opor-se a um benefício.

***

Os maiores mentirosos se julgam os donos da verdade.

***

O amor, da grande maioria, é cego, mas o de alguns, enxerga muito bem... a conta bancária.

***

Sofro de um mal, dependo de você, contraí a "síndrome de sua ausência".

***

Assisto a muitas propagandas enganosas, e o pior de tudo, é que algumas delas, muito a contragosto, sou eu que pago.

***

Todo mundo tem o direito de falar o que pensa... alguns apenas falam, outros, só pensam.

***

Verdade seja dita, existem muitos políticos sérios, dificilmente os encontramos rindo.

***

Andava distraído, pensando na vida, quando fui surpreendido pela morte.

***

Algumas pessoas agem como animais, mas não gostam quando são tratadas como tal.

***

A vida é longa para quem sofre, breve para quem ama e inútil para quem nada fez.

***

A internet está se assemelhando às nossas cidades, praias e rios: poluída e perigosa de "navegar".

***

A criatividade precisa nascer livre e espontânea, para se evitar um aborto.

***

Tanto o Estado quanto a Religião devem pregar e seguir a mesma Doutrina: a Ética.

***

Enquanto não fabricam o "homem consciente", vamos utilizando o "bueiro inteligente".

***

Se a solução no presente é "a longo prazo", revela a negligência do passado, mas demonstra que se nada for feito, o problema será "irreversível" no futuro.

***

A desculpa do vício... é inventar um benefício.

***

Afinal a nossa "Democracia" é muito mais dispendiosa do que uma Família Imperial, já que a cada quatro ou oito anos, somos obrigados a sustentar, para o resto da vida, mais inúmeras "famílias".

***

Olhe ao redor de si e veja que a sua dor, não é maior que a minha solidão.

***

Analisando pelos últimos acontecimentos, tudo leva a crer que todas as manifestações que paralisaram o crescimento do Brasil, desde o tempo do Império, tiveram mão externa comandando marionetes antipatriotas.

***

A mulher queria me vender mentiras... e eu só queria comprar sonhos.

***

Para crimes cometidos por quem usa canetas, gravatas ou armas é preciso combatê-los com inteligência.

***

As "oportunidades" de falcatruas que os problemas sociais crônicos oferecem, fazem com que não haja interesse em suas soluções.

***

Alguns pobres mortais, em busca do vil metal, digladiam entre si os insondáveis mistérios de Deus...!

***

Em muitos lugares não faltam creches, mas sim, sobram crianças.

***

Em um grupo, onde a minoria é correta, mesmo sendo derrotada, sairá sempre, moralmente vitoriosa.

***

Os ataques aos ônibus, aos carros-fortes, aos caixas eletrônicos, aos veículos, até mesmo os ataques de fúria são repudiados, mas o mais revoltante são os ataques aos cofres públicos.

***

Sou contra os Direitos Humanos porque eles só defendem aqueles que não cumprem os Deveres Humanos.

***

Se não houvesse a Internet, hoje teríamos muitas pessoas desocupadas, totalmente ociosas.

***

A cada centímetro de asfalto no chão é mais um litro de água na inundação.

***

Se os internautas prosseguiram reprisando publicações, em breve não haverá nada de novo na Internet.

***

Lembre-se: você pode ser médico, advogado, general, estar deputado... mas quando estiver atrás de um volante passa a ser chamado apenas de: motorista. Assim como, ao cometer um crime, passa a ser chamado de: bandido.

***

Só se alcança "ordem e progresso" quando a justiça é igualitária.

***

O ser humano é complicado porque cada um possui o seu universo particular e ainda se preocupa com alguns universos alheios.

***

Assim como não se preocupam com uma simples trava para os caminhões basculantes, ainda insistem em não instalar uma grade protetora nas hélices das embarcações.

***

Não procure encontrar naquele que prega... as virtudes que divulga.

***

A natureza não é sociável, portanto, não a ofenda.

***

No Brasil estão proibindo a fabricação de armas... de brinquedo...!... E as de verdade...?!

***

Por que o homem ainda reclama daquilo que ele próprio permite...?

***

Viver a propagar "não" ao preconceito, é perpetuar a sua existência.

***

As gerações futuras não precisam saber de alguns defeitos nossos, portanto, devemos guardá-los, em segredo, a partir de hoje.

***

Não devemos agir tais quais animais – irracionais - que enxergam a cerca como um obstáculo da natureza a ser ultrapassado, e não como o limite de ordem e segurança.

***

Já passou da hora de a moral e os bons costumes retornarem à moda, caso contrário, o problema vai engolir a solução.

***

A salvação do homem é que ainda existem muitas perguntas sem respostas...

***

O amor e a fé apenas movem as montanhas; já a vingança e o ódio destroem castelos e sonhos.

***

Quando o Espírito do Natal é verdadeiro, dura 365 dias.

***

Aquele que diz que fala o que quer... pensa muito antes de falar.

***

Chorar por quem não merece é o mesmo que sorrir com falsidade.

***

Quando não se entende o espírito da coisa, o comentário é materialista... quando não se entende a profundidade, o comentário é superficial.

***

Em breve precisaremos cortar os dedos para não usarmos anéis...

***

O homem já conquistou os ingredientes necessários para ser feliz, mas enquanto deixar um sem ética, em seu meio, de nada adiantará.

***

Alguns motoristas dirigem como se estivessem fugindo da morte... e no caminho, a encontram.

***

Se você realmente quer consertar algo, quebre apenas o silêncio com a inteligência.

***

Enquanto houver gente sendo tratada como animais, não irei me preocupar com estes últimos.

***

Sofrer ao seu lado... é melhor do que ser feliz com outro alguém.

***

Atrás de toda grande Obra, existe, necessariamente, um Criador.

***

Eu tenho uma inveja danada daqueles que têm muita fé, e conseguem pecar descaradamente.

***

Amar é libertar o corpo e aprisionar a alma.

***

Que sociedade é essa que prefere fingir que trata o dependente, em vez de acabar com o traficante?

***

Os partidos políticos fazem acordos e alianças; como empresas, praticam o cartel.

***

Aquele que prefere ouvir elogios demagogos, em vez de críticas construtivas, é um tolo, bajulador do próprio ego.

***

Eu acho – claramente - preconceituoso, julgar tudo o que se diz, como preconceito.

***

Mesmo quando andamos para trás, estamos escrevendo o nosso futuro.

***

A faixa de pedestre é um semáforo, que funciona quando você estica o braço.

***

Quem pretende fazer um "trabalho de regressão" - pode acreditar - já está regredindo.

***

Quando um quer levar vantagem, todos perdem.

***

Quem se nega a aprender as "coisas" deste mundo, poderá voltar novamente, ignorante.

***

*Não admito que digam que Brasília se parece com um circo...
Circo é coisa séria.*

***

*Mesmo aquele que detém o conhecimento profundo dos
escritos, não carrega a certeza da verdade.*

***

*Quando você inventa uma mentira para contornar um
problema, ela começa a crescer e invade as suas verdades.*

***

*Sobre os mortais da antiguidade não lançam dúvidas, mas
sobre o Filho de Deus atiram muitas...!?*

***

*Quando se apresenta muitas desculpas explanatórias em um
julgamento, é porque o voto estupra a própria consciência.*

***

*Durma enquanto o silêncio existe, porque depois, a
turbulência será constante.*

***

*Algumas pessoas são muito piores do que Judas... traem
amigos e Cristo, mas não se enforcam.*

***

Se depois dos 68... eu fizer 69, serei feliz.

***

Se até o diamante precisa ser, pacientemente lapidado para ganhar perfeição, imagine nós, mortais.

***

A independência de todos, depende do comprometimento ético de cada um.

***

Alguns apaixonados ensejam, numa dose exagerada de afeto sínico, uma gorda pensão vitalícia.

***

Meu amigo espera que todos adiram rapidamente à bicicleta, para que ele possa trafegar, tranquilo, com seu carro novo.

***

Alguns recordam somente as tristezas, outros, só os momentos felizes.

***

Quando as árvores vão embora, a chuva muda de lugar.

***

Alguns pensamentos sentiram o sabor de um grito no deserto, antes de se eternizarem.

***

Se, por um segundo, a verdade deixar de prevalecer, a mentira prevalecerá por toda a vida.

***

Se cada um fizer aquilo que, se todos fizerem, a sociedade viva em paz e a natureza se mantenha preservada, em breve, teremos o mundo que cada um sonha isoladamente.

***

Eu não vejo mais a Veja, Isto É, não leio.

***

Como entender o sentimento de um ser, que tendo a sua existência, sabidamente passageira e efêmera, a desperdiça numa disputa inglória, por um território perene...!?!

***

Alguns fazem da morte... seu meio de vida.

***

A propaganda de automóveis ainda está se baseando naquele caubói rápido no gatilho, isto é, bem ultrapassada.

***

Quando o seu time joga, ele tem um motivo para torcer; quando o Flamengo joga, ele tem vários motivos para torcer, contra.

***

O repórter que divulga as ações que a polícia vai executar presta um enorme serviço à bandidagem, que bom se ocorresse o inverso...!

***

Onde os amigos se desconhecem, os inimigos se identificam.

***

O perigo que a humanidade corre é a inconsciência dos que se declaram "revolucionários", apenas para boiarem na mídia.

***

Quando não se pode mais aumentar a produção, é preciso diminuir a população.

***

Sou do tempo que "heroína" e "craque" eram palavras que só causavam orgulho.

***

Todo delito afiançável, nasce de uma lei discriminatória e protecionista.

***

A vida e a morte dos animais, destinados à nossa alimentação, ou não, são bem melhores do que a de muitos humanos.

***

Muitos procuram impressionar pela embalagem, poucos, pelo conteúdo.

***

Se você está vivo hoje, não reclame de ontem.

***

Muitos se preocupam apenas com o aumento da frota de veículos, porque não teremos estradas para que trafeguem normalmente, e nem ligam para o aumento da população, já que também não teremos alimento, serviço, energia, moradia e muitos outros itens essenciais, suficientes para saciarem os anseios de tamanha tropa.

***

Toda história tem dois lados, quem só vê um, geralmente, defende o lado errado.

***

Elogiar político... é jogar pedras para o alto.

***

O ser humano está urrando muito uns com outros... isto é próprio dos animais.

***

"O amor é cego"... por isso ele precisa da paciência e da compreensão, sempre ao seu lado, para orientá-lo.

***

Aquele que se posiciona contra a uma lei severa, já se declara bandido.

***

Precisamos retirar nossas casas e estradas das margens dos rios.

***

Droga é igual a um incêndio, quando ainda chama, pode ser evitado com um sopro.

***

Milagre é quando, um leve sopro de vento, faz uma folha cair e distrair a criança que pretendia correr para a rua, enquanto, ao mesmo tempo, um carro passa e vai embora... e ninguém fica sabendo o que ocorreu ali.

***

A natureza e os animais têm um acordo harmonioso e parceiro... só o homem não o respeita.

***

Se a justiça continuar cega, o melhor que podemos fazer é aposentá-la por invalidez.

***

Quem tem muita água para vender, arranja um jeito de provocar sede no mundo... Quem tem muitas armas de guerra...

***

Eu só não sou ateu, porque não consigo acreditar em nada.

***

Quem tem muita água para vender, arranja um jeito de provocar sede no mundo... Quem tem muitas armas de guerra...

***

Se a justiça continuar cega, o melhor que podemos fazer é aposentá-la por invalidez.

***

A natureza e os animais têm um acordo harmonioso e parceiro... só o homem não o respeita.

***

Se você arranca uma praga antes que ela dê sementes, você a extermina, se matar um peixe, antes que ele reproduza, também.

***

O amor é uma luz, que só perdura acesa, quando recarregada com paciência, companheirismo e compreensão.

***

Aquele que fala e não ouve, morre sozinho na dúvida de sua única percepção.

***

Se a lei que a sociedade precisa, for inconstitucional, então que se altere a constituição.

***

Toda ação movida contra o Estado, é, diretamente, contra a Sociedade.

***

A maioridade física, ocorre aos dezoito anos, a maioridade mental, diminui de acordo com a ambiência social.

***

A única virtude de alguns, é procurar defeitos nos outros.

***

Toda atividade física, que coloca em risco a saúde do praticante, não pode ser chamada de "esporte", e sim, receber uma denominação apropriada.

***

O relógio, às vezes, para, mas o tempo, jamais atrasa.

***

- Naquela casa até criado-mudo fala mal dos outros...!

***

Se um dia você perder a memória, nunca mais a procure, pois ela não o reconhecerá.

***

Para a sociedade alcançar a paz, precisa declarar guerra ao fora da lei.

***

Quanto mais feia for a lagarta, mais bonita será a borboleta.

***

O homem evolui até o ponto de destruir tudo o que construiu... depois recomeça do zero e nunca aprende.

***

A cada mensagem postada na Internet... é como se múltiplas garrafas fossem lançadas ao mar.

***

Às vezes, o que mais detestamos não é aquilo que nos ameaça, mas sim, aquilo que não está ao nosso alcance.

***

O cientista, ao fazer um clone, não está brincando de Deus, está apenas dando um sofisticado Ctrl C Ctrl V – sem responder quem nasceu primeiro... o ovo ou a galinha...?!

***

A ultrapassagem, só deve ser realizada, se o veículo da frente estiver abaixo da velocidade permitida, caso contrário, quem ultrapassar, está se intitulando de irresponsável... ou demente.

***

Quando se observa a queda de homicídios, é porque, no período anterior, ocorreram muitas mortes.

***

Aquele que prega o que não pratica, para obter uma avaliação, reflexiva, sobre a sua conduta, deve comer sempre o que não gosta.

***

Quando um falso diz a verdade, até a mentira acha graça.

***

O que intriga é que esse tal de "caramujo africano" foi trazido por alguém e se "pulverizou" por todo o País – repentinamente - pelos campos, morros, matas e cidades...! Será que ninguém ficou com uma pulga – inte®n@cional - atrás da orelha?

***

Aquele que pode ter o que quiser, geralmente, perde aquilo que mais quer.

***

A geração passada propaga orgulhosa que seu tempo era muito mais humano e saudável, porém se esquece que foi ela que outorgou o comportamento da presente geração.

***

A morte é a única coisa esperada que nos pega de surpresa... só uma vez.

***

Enquanto as camadas produtivas se digladiam, os politiqueiros saboreiam a vitória.

***

Algumas pessoas, intoleráveis, passam a ser suportáveis, por circunstâncias impostas pela sobrevivência.

***

Quem se vende, vale menos que seu comprador.

***

Os homens ainda se assustam com a inteligência dos símios e não se espantam com a ignorância humana!

***

Amanhã iremos descobrir o quanto fomos ignorantes hoje.

***

O Ministério dos Transportes adverte: prestar atenção no trânsito faz bem à saúde.

***

Se não tomarmos cuidado, os animais vão tomar o nosso lugar nos corações de quem amamos.

***

Muitos dão valor à polpa, outros, à semente.

***

Quando ouço dizer que "já existiu água" em algum astro distante, fico com a leve impressão de que o homem "já passou por lá".

***

Alguns preferem montar mil fórmulas para calcular quando ocorrerá o fim do nosso planeta, do que criar apenas uma, para perpetuá-lo.

***

Somos formigas cortadeiras... que acham que pensam.

***

Minha maior preocupação não é com o fim do mundo físico, e sim, moral.

***

Se as flores não tivessem espinhos, seriam pisoteadas.

***

- Até quando os justos serão piedosos com os injustos?

***

O cachorro, por não ter inteligência, quando quer se impor, late e morde. O homem, de quilate equivalente, grita e ataca.

***

O exemplo claro de democracia, quem nos dá é o tempo... passa, equitativamente, para todos.

***

51

Se até uma pequena tatuagem, quando retirada, deixa marcas, imagine arrancar um grande amor de dentro do peito...!

***

Emitir opinião anônima... é o mesmo que defecar na calça, por vergonha de mostrar o "bundão" para o mundo.

***

O mundo só é redondo... para que cada um se sinta no centro dele.

***

Quando não se tem as mesmas armas, o jeito é jogar pedras por cima da muralha.

***

O medo só nos orienta, a coragem é que toma a decisão: enfrenta ou foge.

***

Eu sou contra a igualdade entre os sexos, torço para que continuem sempre diferentes.

***

No futuro, a ignorância de alguns, entornarão a paciência de muitos.

***

O governo só aprova um modelo de máquina caça-níquel no Brasil, tipo: celular.

***

Tudo que começa com uma mentira, termina com uma decepção.

***

Fomos criados à imagem de Deus, mas muitos usam máscaras.

***

A verdade não precisa pedir licença a ninguém.

***

Atualmente o instinto leva vantagem sobre o intelecto, pois enquanto o primeiro preserva a sobrevivência da espécie, o segundo, conscientemente, a destrói.

***

Nunca reclame por não ter alterado um pequeno parágrafo na história de sua vida, já que, a mudança de uma simples vírgula, altera a posição do ponto-final.

***

O sentimento verdadeiramente puro, quase sempre fica oculto no silêncio do olhar, mas nem por isso perde o seu real valor, pois quem o recebe é capaz de senti-lo com mais intensidade do que se viesse ornado com palavras ensaiadas.

***

Quem almeja a paz, não pode construir tanques de guerra.

***

Duro mesmo era as mulheres terem um corpo perfeito antes do photoshop...!

***

Funcionário fantasma... bate ponto e tira férias...?!

***

Extraterrestre, orgasmo feminino e político honesto não são vistos, mas devemos acreditar que existam...

***

Quem furtar o pão da boca de um faminto morrerá de fome setecentas mil vezes.

***

Hoje, o falso é tão falso que chega a ser verdadeiro.

***

Se você faz, alguém lhe critica. Se você não faz, lhe critica outrem. Portanto... satisfaça a sua vontade.

***

A penúria do presente é o resultado das desilusões do passado, mas não se esqueça de considerar as alegrias do futuro.

***

Quando uma decisão não nos parecer sóbria, devemos exigir a aplicação do bafômetro...

***

Todo trágico fim é consequência de um péssimo começo.

***

Antes de beber, pense no caminho de volta e lembre-se que muitos não o completaram.

***

Algumas pessoas, para defenderem os animais, brigam com os seres humanos.

***

Embora sejamos, hipoteticamente, os donos do mundo... não sabemos nele viver, nem dele cuidar.

***

Muito antes de se pensar em interromper uma gravidez, é preciso ter força de vontade, e interromper a relação sexual.

***

Parece que a grande maioria é contra a pena de morte, de culpados... Então por que ainda permite a execução de inocentes?

***

Alguns dizem que passamos neste mundo para aprender, mas parece que estamos retroagindo...!

***

Não, nós não podemos nos "multiplicar" sempre, porque o planeta não vai esticar.

***

Cada coração é uma porta aberta para o infinito, por isso é que cabem nele todos os sonhos, amores e ainda sobra bastante espaço para as desilusões.

***

Alguns bandidos, às vezes, agem com honra, se enfrentam e se matam, outros criam CPIs.

***

O ser humano não precisava evoluir tanto para se transformar e viver enjaulado como um animal...!

***

Quem faz plástica para rejuvenescer, perde o direito de usar a fila preferencial...?!

***

O homem só irá parar de reclamar que foi injustiçado, no dia em que passar a ser julgado por robôs.

***

"País rico é país sem pobreza"... país sem pobreza tem governantes honestos.

***

Enquanto a sociedade se sente com os pulsos cortados, o legislativo simula preocupação com a unha quebrada.

***

Àqueles que pleiteiam "vida eterna", sugiro que primeiro encontrem a "fonte da juventude".

***

Os verdadeiros e cruéis "torturadores" são aqueles que desviam o dinheiro do povo.

***

Não se deve confundir conceito com preconceito, a diferença é bem visível na silhueta da sombra.

***

O cara era tão preguiçoso, mas tão preguiçoso... que quando ia descansar... chamava alguém para ajudá-lo.

***

Não podemos permitir que as drogas e a violência criem muitos empregos, caso contrário se transformarão em um mal social necessário.

***

A democracia e a ditadura são bem semelhantes, em uma, nada se sabe o que é feito, noutra, tudo se sabe, mas nada é feito.

***

INTERNET : Esta é a "janela" de casa... que dá vista para o mundo.

***

Trabalhou muito, juntou bastante dinheiro... e morreu riquíssimo.

***

Quem pensa igual a você... nada pode lhe ensinar.

***

Antigamente, "injeção na testa" era apenas força de expressão...

***

A violência, os desmandos, as falcatruas e todos os demais delitos, são proporcionais à incompetência dos Poderes do Estado.

***

A sociedade que permite a inversão de seus valores sociais tende a ficar de cabeça para baixo.

***

Poeta é igual a bêbado, tem reação peculiar quando está embriago de amor.

***

O homem não se cansa de procurar vida inteligente fora da Terra... Desconfio que é porque perdeu a esperança de encontrar alguma aqui dentro...!

***

Lembrem-se: nós pertencemos à mesma CAIXA e somos todos LÁPIS, independente da cor do grafite.

***

Em memória a Tiradentes: Está na hora do povo passar a forca para o outro lado.

***

Todos têm o direito de ir e vir, desde que estejam em condições legais - de sustentabilidade e de responderem por si - caso contrário, perdem esse direito.

***

Um "sim", para a tristeza, pode ser um "não" para a felicidade.

***

A palavra, consciente e ponderada, atinge mais o alvo do que aquela que entorna a paciência num grito.

***

Irracional é todo aquele que contradiz a própria consciência.

***

Se bandido usasse uniforme, a polícia o identificaria facilmente...!

***

Quando o orgulho e a arrogância sobem à cabeça, a humildade e a honra fazem as malas.

***

Se continuarmos nesse processo, o mundo acabará em cotas.

***

Filho, não apague o sorriso da vida com um sopro de metal.

***

Infelizmente, no mundo, têm muitas marionetes trabalhando, fielmente, para o diabo.

***

Às vezes chego a me perguntar se o petróleo que retiramos não é o lubrificante do eixo da Terra.

***

Pouco me importa o que os outros acham... daquilo que eu tenho certeza.

***

Enquanto uns nascem ensinando, outros morrem aprendendo.

***

A renda per capita, quando concentrada em poucos, ilude as estatísticas.

***

Não devemos colocar gosto na boca de ninguém.

***

A verdadeira riqueza não se armazena em sacos.

***

Quem sabe que nada sabe, sabe muito.

***

O amor é o alimento da esperança, por isso ela nunca morre.

***

O índice de desemprego é um termômetro poderoso, vaticina o grave desequilíbrio socioeconômico e todas as consequências futuras.

***

Se você acha que tem problemas hoje, espere chegar o anoitecer dos tempos.

***

As curvas e as retas não agridem ninguém, são os motoristas, inconsequentes, que lançam a culpa sobre elas.

***

A grande maioria dos representantes do povo está agindo tal qual menino desobediente, faz tudo ao contrário do que desejam seus pais e mestres.

***

Às vezes, até a verdade se faz de mentirosa, porque a linha divisória entre o céu e o inferno... é o intuito.

***

A matemática pode ser complicada, mas alguns seres humanos...! Nossa...! São indecifráveis.

***

Quem se esforça para mudar a opinião do próximo, não está muito convicto da sua.

***

Cachorro que ataca, fora do seu quintal, não pode andar solto pelas ruas.

***

A esperança nunca morre... apenas troca de dono.

***

Deus fez o Universo infinito, porque sabia que precisaria de muito espaço, para armazenar o amor que eu sinto por você.

***

Se todos são iguais perante a lei, por que algumas trazem exceções?

***

A inveja, via de regra, é demonstrada em forma de piada... as loiras que o digam.

***

Antes de apertar a buzina de seu veículo, coloque-se no lugar daquele que vai ouvi-la.

***

Faca de restaurante deve estar sempre bem afiada... para que a carne pareça macia.

***

Quando você trava uma batalha consigo mesmo, o maior perigo... é os dois perderem.

***

Aquele que sonega imposto, deve ser tratado igual àquele que não emprega, devidamente, o imposto recolhido.

***

Enfrente a morte, pois, em frente, há vida e vice-versa.

***

O primeiro avanço da medicina adveio do canibalismo.

***

Mesmo que você seja um gigante, respeite os anões. Pois respeito é uma moeda valiosa; com ela você adquire dignidade, paz e até amor.

***

Não podemos ter apenas uma linha de raciocínio, caso ela quebre, paramos de raciocinar... Então nem pense em ter um só ponto de vista.

***

Aquele que conseguir julgar, e agradar a todos, será infinitamente superior a Deus.

***

Não alimente muito a vaidade, ela pode engordar demais...!

***

Pelo panorama que se descortina o futuro, o homem caminha para onde veio.

***

A droga é barata porque o custo maior fica para a sociedade pagar.

***

O ser humano não pode prosseguir nessa metamorfose distorcida e vertiginosa rumo a um abismo sem escrúpulos.

***

Do próprio sentido, à força de expressão... o clima está esquentando.

***

Quem não se dá valor, não engrandece a Terra que pisa.

***

Guarde a foto na qual você se achou velho, pois logo se verá bem mais novo nela.

***

A lei tem de ser clara... para que o julgamento seja único.

***

Velhice... é uma bela tatuagem cicatrizada ao longo tempo.

***

A violência que magoa, sangra mais do que aquela que fere.

***

Se é longe pra burro... é perto pra quem?

***

Por que o ser humano continua se iludindo, fazendo de conta que está no caminho correto?

***

Liberdade de expressão existe... desde que siga algumas regras.

***

Sou pessimista para que os otimistas sejam realistas.

***

Liberdade e ética são irmãs xifópagas... que não sobrevivem separadas.

***

Nos outros, para nós, tudo dói menos.

***

Em terra de desdentados, sorriso de banguela é lindo...!

***

O infinito sempre será infinitamente maior do que imaginamos.

***

Muitos deixam passar inverdades pela barreira da ética quando elas satisfazem o seu ego.

***

Mesmo sendo analfabeto, um povo pode ser feliz... se a ética estiver em nível superior.

***

Por menor que seja o crime... a dignidade nunca será restaurada... POR MAIOR que seja o castigo.

***

Antigamente é uma distância temporal muito variável.

***

Não tente enganar a sua consciência... ela jamais o perdoará.

***

Técnico de futebol é aquela pessoa autorizada a ficar do lado do campo, gritando com seus jogadores. Só.

***

Antigamente, usar a impressão digital como assinatura, era sinal de ignorância; hoje é sinal de segurança.

***

O caminho do mal, às vezes, não é escolhido de livre arbítrio, mas sim, por imposição da sociedade.

***

O mérito está em agir com ética nas situações desfavoráveis.

***

A riqueza auferida através do desenvolvimento não sustentável... tem um cheiro horrível.

***

Não existem estradas, nem curvas perigosas, e sim, motoristas inconsequentes.

***

Se não te dispuseres em escalar a montanha, não saberás o quão é bela a paisagem lá do alto.

***

O homem deve se comportar como quem está sendo vigiado o tempo todo.

***

Cada um precisa fazer a sua parte, para que todas as partes sejam feitas.

***

Tenho a impressão de que o povo é mais honesto e coerente do que aqueles que o governa... Ou não é impressão?

***

Na evolução universal, os cientistas apenas descobrem as coisas que Deus criou...

***

O destino existe, com certeza... porém é guiado por nós.

***

Liberdade é um fortificante que, em dose errada, pode se transformar num veneno.

***

Você fotografa hoje a saudade de amanhã.

***

Infelizmente, em nosso País, ouvimos muitos que esbravejam e poucos que fazem.

***

Deus não se justifica apenas pela criação do homem, mas sim, pela amplitude de sua obra... que é, indubitavelmente, infinita e eterna.

***

Se todos pensassem duas vezes antes de falar... o mundo seria... silencioso.

***

Aos momentos felizes antecede um longo tempo de paciência e compreensão.

***

Continuamos limpando os sapatos no carpete da sala por receio de sujarmos o capacho.

***

Os sonhos não envelhecem... porque a cada dia que passa, nós os aperfeiçoamos.

***

Quem defende um assassino, alimenta uma serpente.

***

Na guerra entre as religiões, quem sai ferido é Cristo.

***

O sonho não pode ser muito longo, senão o caminho de volta se desfaz.

***

A penúria, no futuro, será proporcional à negligência do presente.

***

Deus, a cada novo dia, colore, com esmero, o céu de maneira diferente, e nós, raramente paramos para admirar o seu trabalho.

***

O motim é o avô rabugento da revolta.

***

A perfeição é a serena avó da beleza.

***

O pessimismo é para os desesperados, o otimismo para os sonhadores e o realismo para os conscientes.

***

Penei para entender que cada um tem seu modo certo de errar.

***

Atualmente somos nós as "velhas corocas", que se acotovelam nas "janelas" e tagarelam com o mundo.

***

Enquanto muitos garimpam no lixo o sustento, alguns engolem ouro como alimento.

***

Realmente viajar pelas rodovias brasileiras é um perigo constante.
Quando não há animais no meio da pista, têm alguns ao volante.

***

Os dinossauros, os maiores predadores da Terra, foram extintos... agora é a vez do homem.

***

A mais profunda certeza nasce de uma pequena dúvida.

***

Quando somos atingidos naquilo que mais procuramos esconder... nos delatamos.

***

Se você está indeciso entre dois amores... é porque ainda não tem nenhum.

***

O bom-senso é o pai equilibrado da razão.

***

Quando somos criança, achamos que os adultos podem fazer tudo. Quando nos tornamos adultos... descobrimos que são as crianças!
Tarde demais!

***

Você tem que aprender com quem apanhou, porque quem bateu não sabe ensinar.

***

Sem "pestanejar" os jovens renovam suas fotos dos perfis, já os velhos hesitam bastante, diante da comparação.

***

Quando olhar para uma flor, não aprecie apenas a sua beleza, analise a sua textura, avalie o seu perfume... pois o real conceito é medido pelo conjunto da obra.

***

Quando o homem começa a pensar só em ganhar... começa a perder.

***

Quem se aproxima das drogas, se afasta da vida.

***

Só usa humanamente as suas virtudes, aquele que já descobriu os seus defeitos.

***

Perigoso é aquele momento de raiva, que o controle foge, e o pavio aceso encontra a pólvora.

***

Ninguém se vê, com os olhos de quem está sendo visto.

***

Nós nascemos iguais, morremos iguais... e por que vivemos na desigualdade?...

***

Não dê importância ao mal que, por ventura, alguém lhe fizer, mas sim, ao bem que muitos lhe desejam.

***

Cabeça desocupada é igual a água parada... cria limo e não serve pra nada.

***

Aquele que entra numa disputa, planejando vencer com falcatruas, já se posiciona, moralmente, derrotado.

***

O homem precisa prestar muita atenção onde coloca a mão... para não destruir a obra de Deus.

***

Se ficarem discutindo muito sobre o futuro do Planeta, alguns assistirão ao desastre.

***

Não dê mais atenção à aparência do corpo do que à da alma.

***

Imaginem o tamanho do Brasil se todos se conscientizassem e cumprissem com seus deveres...?!

***

O verdadeiro teimoso é aquele que não aceita opinião, e ainda chama de cabeça-dura quem dele discorda... não acha?

***

Aquele que reclama do frio, por preguiça de puxar o cobertor... não terá nova chance.

***

Os maiores pecadores são os que usurpam a fé alheia.

***

Não é a morte que é um sono profundo... é a vida dos que não sonham.

***

Quanto mais nos julgamos livres... mais escravos nos tornamos.

***

Responsabilidade se tornou pedra rara de ser encontrada na bateia do juízo.

***

O único personagem que existe de fato, numa ficção, é o dublê.

***

Não seja inconstante, pois a cada vez que você muda de desejo, Deus lhe encaminha para o final da fila correspondente.

***

Quando não temos problemas, até a camisa virada pelo avesso, torna-se um... imenso.

***

Quando o cérebro perde a razão, a língua se transforma num tridente, que fere a distância.

***

O mau humor é o pai ranzinza dos defeitos.

***

A compreensão é a sábia mãe das virtudes.

***

A pintura é apenas uma janela da alma.

***

Até na verdade há um pouco de mentira.

***

A felicidade sempre vem ao nosso encontro, nós é que, na maioria das vezes, desviamos dela.

***

Se biografia representasse alguma coisa... Cristo não seria crucificado.

***

Quando o amor está presente... a alma levita.

***

Quando a decadência atinge a alma, já não existe remédio para o corpo.

***

Infeliz de quem vociferar palavras que traiam a sua consciência.

***

Quando se dá poder a um louco... o mundo inteiro corre perigo.

***

Se permitirmos que nossas fraquezas sobrepujem nossas vontades, não expressaremos jamais os nossos sentimentos.

***

O homem é o único animal que coloca a sua espécie em perigo constante e ousa se intitular inteligente, civilizado, humano...

***

Assim como o corpo busca o equilíbrio de acordo com a inclinação do caminho, a mente precisa revelar coerência perante os arbítrios da vida.

***

O pecado aumenta à medida que não se pune os pecadores e vice-versa.

***

Quando a gente sofre uma derrota... é porque foi o melhor que Deus pôde fazer por nós.

***

Prefira o silêncio à bestialidade... ele penetra mais fundo.

***

O verdadeiro assassino... é quem constrói uma arma... humana.

***

Irrompem na mídia tantas "personas-gratas" desonestas que a desconfiança já tempera todas no mesmo tacho.

***

Não consinta que as águas turvas que movem o moinho alterem a qualidade do fubá.

***

Não adianta acumular mentiras sobre uma verdade... elas desmoronam.

***

Não lamente a morte enviada por Deus, mas a vida dizimada pelos enlouquecidos.

***

Cargo vitalício constrange... urge vir a óbito!

***

Frase dourada, dita sem lastro na consciência, tende a enferrujar.

***

A impunidade premiada assusta a moral.

***

Quem desiste diante da primeira dificuldade é porque está no sonho errado.

***

Quem presta atenção aos pequenos erros... deixa passar as grandes virtudes.

***

Você não identifica um ladrão, nem mesmo convivendo com ele.

***

Não se pode dar um salto para o futuro pulando sobre os problemas do presente.

***

Às vezes, o que julgamos ser o nosso pior defeito é a nossa melhor virtude.

***

Quando seu futuro se fizer presente espero que não lamente o passado.

***

Andar na frente do problema é a única maneira de não ficar correndo atrás da solução.

***

Os sobreviventes de uma guerra morrem lentamente.

***

Um livro numa estante é como um pássaro numa gaiola.

***

Uma ideia, por mais maluca que hoje pareça, amanhã poderá estar, totalmente "curada".

***

O nosso desconhecimento suplanta, em muito, o nosso conhecimento.

***

Ao trancar o cadeado da vida, deixe a alma do lado de fora.

***

A ocasião não faz nenhum ladrão. O ladrão já feito, é que aproveita a ocasião.

***

Quando alguém pretende vencer, apagando a luz do concorrente, é porque ele já se encontra na escuridão.

***

Alguns modelos dão um péssimo exemplo.

***

Quem tem costas quentes sofre com a chegada da frente fria...?

***

Só glorifica a Deus aquele que derrota as sugestões do diabo.

***

A parte mais importante do nosso corpo... só faz merda.

***

Para quem a verdade dói, a mentira traz prazer...?

***

As leis nascem cegas e, com o tempo, vão caducando.

***

Quem se identifica como perfeito... já demonstra seu primeiro defeito.

***

Absolver um culpado é tão injusto quanto castigar um inocente.

***

A origem do homem é tão conhecida quanto o seu destino.

***

O homem proíbe briga de galos, mas permite a si, entrar num ringue e disputar campeonatos sangrentos... ao que chama de "esporte".

***

A etiqueta à mesa começa com um bom prato cheio.

***

A pena de morte, por ineficiência legislativa, está sendo aplicada às avessas.

***

Para quem já presenciou uma virada de milênio, passagem de ano... tem cara de final de semana.

***

Nossas reais diferenças só serão notadas no dia em que formos todos iguais.

***

Quanto mais saudade se tem, mais se viveu.

***

Se não chover... "nóis tão" n'água.

***

A fé é como uma vela, se não estiver acesa... não opera o milagre.

***

Aquele que destrói a montanha e extrai o diamante para admirá-lo de perto, age idêntico ao que prende um pássaro só para ouvi-lo cantar em sua varanda.

***

Todo comentário que começa com uma expressão de dúvida não merece confiança... "eu acho".

***

Às vezes é mais gratificante orientar a quem está perdido, do que encontrar o próprio caminho.

***

Se a árvore que morre, alimenta aquela que nasce, não podemos retirar todas.

***

Dê o amor que nunca recebeu. Faça o bem que nunca lhe fizeram.Estenda a mão, humildemente, e reconhecerá no próximo, o seu reflexo.

***

Antigamente a história era contada, hoje ela é assistida, amanhã será antecipada.

***

Atualmente nos dividimos em duas espécies distintas: seres e humanos.

***

Para conquistar a felicidade, primeiro é preciso dominar a paciência e a compreensão.

***

Se a sociedade agir com mão de ferro hoje, poderá usar luva de pelica amanhã.

***

Eram reais os homens que se dispuseram a escrever as verdades que conhecemos?

***

Poeta é aquela pessoa que, às vezes, ajuíza como seu, o sentimento alheio.

***

Quando o nosso passado se torna maior que a expectativa de futuro, o espelho da vida começa a refletir a fisionomia da morte.

***

Toda decisão precipitada, geralmente, acaba em arrependimento.

***

Democracia, sem uma justiça ética e igualitária, aristocracia é.

***

O mal, que apenas um fizer à Natureza, será dividido, equitativamente com todos... o bem também.

***

Quem não age corretamente, atrai para si, os erros dos outros.

***

Muitos não se assemelham em nada... com o homem que Deus soprou.

***

A vida não começa complicada, mas nós fazemos questão de torná-la.

***

Só quem pode contar a verdadeira história é aquele que a vivenciou.

***

Um dia a paciência faminta se transformará em revolta saciada.

***

Tem mais crédito aquele que em vez de apontar os defeitos do oponente, divulga as virtudes do seu predileto.

***

Bandido sem caráter é aquele que quando descoberto como ladrão, tenta sujar os que nele depositavam confiança.

***

Sempre que a felicidade vai embora, a saudade chega.

***

Urubu come carniça, não porque gosta, mas sim, porque é o que lhe sobra.

***

Quando os olhos não pensam, o estômago fica cego.

***

Muitos valorizam a perfeição da casca, outros, a integridade do recheio.

***

Achar que todo mundo é preconceituoso... é um tipo feio de preconceito.

***

A assinatura da tristeza, geralmente, é borrada com lágrimas.

***

Mesmo sendo a chuva passageira, o motorista não deve ter pressa.

***

A melhor maneira de trabalhar em benefício próprio... é empenhar-se no bem-estar coletivo.

***

Se você elege um adulto moleque, não espere dele atitudes de homem.

***

Aquele que obedece a Deus, apenas pela ganância de trocar uma vida passageira por outra eterna, comete pecado mortal.

***

Uns acham que nada é maior que Deus, outros afirmam que Deus é muito maior que nada.

***

O ser humano precisa, urgentemente, de um inimigo externo para evitar a própria destruição.

***

Analise a habilidade comercial: privatizar a preço de banana ou comprar a preço de ouro...?!

***

Cuidado! Pessoas que têm procedimentos diferentes costumam chamar quem não concorda com elas de: ignorante.

***

Alguns já estão traduzindo "Facebook" como: "Fecha a Boca".

***

Nossas lembranças da infância são demolidas como os casarões do passado.

***

O ser humano, sem dúvida, já atingiu a perfeição... da idiotice.

***

Muitos que querem ser "diferentes" não suportam concorrência oposta.

***

A esperança sempre arranja um meio de ir morar entre o início e o fim.

***

Ao sentir algum fedor, não reclame, e sim, agradeça a Deus pelo olfato perfeito.

***

Talvez, daqui a alguns anos, eu me torne uma criança, pois começo a sentir os sintomas da adolescência...

***

Cofres, caixas-fortes e presídios... devem funcionar acima do térreo... só assim... evitam túneis...

***

A árvore, quando maligna, deve ser extirpada pela raiz antes que gere frutos, caso contrário toda a floresta será desvalorizada.

***

A história, quanto mais antiga, mais perto da verdade ela se encontra.

***

Sobre os meus maiores medos construí um castelo de sonhos

***

Quando for avaliar a altura de duas palmeiras, não considere apenas a ponta mais alta no céu, mas também o desnível do terreno em que ambas nasceram.

***

Não importa quem esteja no comando; só a oposição sabe governar.

***

Se todo o valor que se emprega em segurança, fosse utilizado em obras úteis, o mundo seria seguro.

***

Deus criou o Homem para controlar os "animais", quer sejam eles de sua raça ou não.

***

As louras verdadeiras nem ligam para o que dizem sobre as louras falsas.

***

O sabor da comida depende, diretamente, da fome.

***

Tecnologia é um trabalho que, na maioria das vezes, gera desemprego.

***

Não dê muitas asas à sua imaginação... ela pode ir embora.

***

O problema maior não é a quota dos injustiçados, e sim, a quota dos apadrinhados.

***

Muitos que reclamam da ditadura... fazem da democracia uma baderna.

***

Tem que ter discernimento, para ter opinião própria, senão vira papagaio de pirata.

***

É preciso restringir a liberdade de alguns... para que a grande maioria a sinta plenamente.

***

Se beber lhe faz mal... evite comer camarão.

***

Álcool, Direção e Sonho – nunca misture os dois primeiros, eles transformam o último, em pesadelo.

***

Era tão mal-amado, que comprava batom e passava na camisa... só para que alguém notasse.

***

Muita liberdade na juventude... é prenúncio de escravidão.

***

Infeliz é aquele que chora, por não ter nada melhor para fazer.

***

Todo discurso político, tem como objetivo, agradar a plateia daquele momento.

***

Algumas pessoas, por coerência, ao invés de chapéu, deveriam usar penico na cabeça.

***

A igualdade se faz oferecendo a mesma educação para todos, já a desigualdade sobressai pelo esforço isolado de cada um.

***

O risco do álcool é quando a alma também fica bêbada.

***

Tomar remédio na hora errada é o mesmo que beber veneno na hora certa... faz mal.

***

Quando a vida fica muito amarga, jiló vira doce.

***

Acho que os políticos não cumprem suas promessas, porque o povo não é santo.

***

Começo a crer que a próxima geração de cachorros, será desbancada pelo celular.

***

Às vezes, a solidão nos traz amigos inesperados.

***

Nascemos sem saber nada do passado, morremos sem saber nada do futuro... que dó.

***

Escrevi muita coisa errada, mas só releio as certas.

***

Quem tem irmão forte não apanha na rua... nem nos palácios.

***

Se o governo atrelar o urubu ao dólar, no dia seguinte ele amanhece cantando.

***

Quem fala mal de uma pessoa boa, merece castigo maior de quem fala bem de uma pessoa má?

***

Entre o conhecimento humano e os enigmas, sempre existirá Deus.

***

O menor gesto humano, sobre a natureza, pode secar várias nascentes e rios muito distantes.

***

Após receber um golpe, o jeito é não temer, e militar para dar outro.

***

A raça humana só sobreviverá, se descobrir uma maneira de se alimentar sem poluir.

***

Ao se esquivar com uma mentira, corre-se o risco de levar um direto da verdade.

***

Quando somamos o tempo passado, o primeiro resultado sempre dá bem menos...

***

Se as verdades do passado, só são reveladas após 50 anos... significa que hoje podemos estar vivendo outra mentira?

***

Quando a inspiração é pouca, a ficção paga direitos autorais à realidade.

***

Antes de reclamar de suas dores, confesse seus maus hábitos.

***

Eu fiz um favor e ela me pagou com um beijo, achei injusto, por isso estou, até hoje, devolvendo troco.

***

Sonho com você todas as noites - em uma delas - dê um jeito de me acordar...!

***

Nossa língua, de tão rica, às vezes, é pobremente empregada.

***

Você sendo honesto, talvez perca algum dinheiro, mas ganhará muito em dignidade.

***

Acusar morto de um crime é fácil: não corre perigo de ser desmentido, nem de haver acareação... aqui.

***

Para o poeta, a poesia é apenas uma maneira sutil de enviar a mensagem.

***

O mar não invade, quando aterrado, nivela sua água.

***

O homem matou quase todos os animais que colocavam a sua vida em perigo... agora tornou-se o animal.

***

Se tivesse pena de morte, para quem ficasse com o troco devolvido a maior, todos iriam conferi-lo... três vezes.

***

O discernimento do ser humano, sobre a existência, ultrapassa os ensinamentos dos livros, pois cada um é capaz de extrair desse universo, o seu próprio.

***

Para diminuir, significativamente, o crime, basta aumentar, drasticamente, a pena.

***

Toda cidade só será "desenvolvida" quando tratar o esgoto.

***

A desonestidade de poucos, tira a credibilidade de todos.

***

Quando um super-herói, na ficção, se corrompe, reflete, negativamente, na realidade dos jovens.

***

Aquilo que hoje é só sorriso, amanhã será só saudade.

***

O vento estocado hoje... é o ar puro que vais respirar amanhã.

***

Se você ouve uma verdade e se aborrece... você queria ouvir o quê?

***

Espantoso foi o vidente; morreu... e não quis acreditar... só porque era... Primeiro de Abril...!

***

Quando o posto for ocupado por QI (Quem Indica), será preciso criar outro... para quem tem.

***

A política é perfeita, quem a estraga são os políticos.

***

O índice de felicidade, para ser sentido, precisa estar muito abaixo do índice de honestidade.

***

A única desvantagem de viver sozinho... é que não tem ninguém para levar a culpa.

103

***

A Rede Social consegue mentir mais do que político... embora muitos deles discordem.

***

O homem aprendeu a voar, mas continua rastejando.

***

A IMPUNIDADE mata, corrompe, trafica, desvia, estupra, assalta, desrespeita e retira todos os direitos dos JUSTOS.

***

O nosso corpo, para Deus, é apenas uma placenta.

***

A única coisa pública que funciona noite e dia e está disponível para todos os cidadãos, é o Programa do Imposto de Renda.

***

Quem valoriza uma cidade, são as pessoas boas...

***

As piores profecias são as inventadas pelos maliciosos, após a morte do profeta.

***

A fome prepara pratos deliciosos...!

***

A segurança pública virou caso de segurança pública.

***

Temos na nossa bandeira, duas palavras pulcras; mas por negligenciarem a primeira, não alcançamos a segunda.

***

O carnaval é extremamente benéfico, pois obriga milhões de pessoas a manterem o preparo físico o ano todo.

***

O fracassado, quando cai num golpe, tenta se vingar em outra pessoa... já o vitorioso, divulga o golpe para todos.

***

Às vezes, um breve silêncio evidencia mais do que longas elocuções.

***

O cúmulo da diferença entre os seres humanos é que uns têm medo de morrer, outros, de viver.

***

O ser humano, para viver unido e em paz, precisaria ter, sempre, um inimigo em comum... muito forte.

***

Triste o povo que olha para os lados e não encontra um ser humano digno para confiar-lhe a Nação.

***

Quando aquele que detém a "batuta", destoa da "música" desejada pela "orquestra", os "instrumentos" influentes, dão sempre um jeito de retirá-lo ou, ao se ausentar, impedir o seu retorno.

***

Devias ter nascida coberta de ouro, para que quando eu dissesse que tu és o meu tesouro, ninguém duvidasse.

***

Tudo o que a sociedade ensinar às crianças hoje, receberá de volta amanhã.

***

Para se ter uma resposta precisa, perguntas para políticos, só devem ser feitas no dia primeiro de abril.

***

Dependendo da luz que recebemos das pessoas que estão ao nosso redor, refletimos uma sombra diferente para cada uma delas.

***

Quando a resposta ao seu argumento vem em forma de ofensa terceirizada, é porque o inquirido não tem conhecimento de causa.

***

Quando a recessão é alta, a inflação é baixa, isto é, não se vende lenha no inferno.

***

Quanto mais os Governos gastam em propaganda de árvores que pretendem plantar, menos frutos a sociedade colhe.

***

O nu artístico, para ser admirado, precisa vir vestido de talento.

***

Para muitos, fazer vinho é estragar a uva, para outros, é desperdiçá-la e, ainda, para alguns, é aprimorá-la; portanto, entenda que começa assim o respeito pelo gosto do outro.

***

Muitos países têm tudo para se tornarem uma potência mundial, mas a potência não deixa.

***

Uma ínfima minoria errada, só incomoda, se a imensa maioria correta der atenção.

***

Tudo faz crer que: cerca de 80% dos afortunados do presente... são herdeiros dos corruptos do passado.

***

Assim como, em algumas cidades, encontramos paisagens que nos lembram a nossa, em alguma outra face você encontrará a sua.

***

Contam tanta mentira que ninguém mais acredita na verdade.

***

Era tão orgulhoso, que queria ter um cofre em casa... fez um longo financiamento.

***

Às vezes, para se entender uma frase, é preciso analisar as palavras separa da mente.

***

Se você é vencido pela droga... então você é uma.

***

O brasileiro não consegue mudar o seu futuro, porque fica sempre comparando o presente com o passado.

***

Muitas pessoas questionam a utilidade de certos animais, mas não questionam a de alguns seres humanos.

***

Ao falar sobre fanatismo ou intolerância... é preciso ter muito cuidado para não demonstrá-los.

***

Uma sociedade que produz armas e as libera para uso de seus cidadãos, tem qual objetivo?

***

A defesa daquele que não tem justificativa, é a ofensa.

***

Eu quero ser ateu, mas Deus não deixa!

***

Imunidade só se obtém através de vacina, jamais assumindo um poder.

***

Quando um policial age com rispidez, se diz que ele exerceu: abuso de autoridade; e quando um bandido impõe toque de recolher... que termo devemos empregar...?!

***

Se você faz do seu carro um brinquedo, é melhor entregá-lo para um adulto.

***

O que a nutricionista recomendou para o professor?
- Sopa de l-e-t-r-i-n-h-a-s-.

***

A direita não apoia o que a esquerda for contra... e vice-versa, exceto quando o assunto é aumento de verba, salário ou regalias comuns.

***

Falar é tão difícil que, às vezes, você quer elogiar e acaba ofendendo.

***

Geralmente aquele que indaga "o porquê" - como se fosse corrigir o mundo - nem sabe que é acentuado.

***

O voto pode não ser obrigatório, mas o cidadão de bem, tem a obrigação de votar.

***

Se quem rouba são sempre os mesmos, precisamos apenas eliminar os mesmos...

***

Não se preocupem, eleitores... os políticos estão ajeitando a reforma para atendê-los plenamente.

***

O Desenvolvimento Tecnológico atropelou o Desenvolvimento Humano e não prestou socorro.

***

Para o desentendimento, basta um olhar torto, mas para a reconciliação, às vezes, nem um longo diálogo sincero resolve.

***

Quando o homem mata a mata, a mata mata o homem.

***

Tem gente que não consegue passar nem por uma porteira... e ainda diz que pula cerca...!

***

Tem tanta mentira passeando, às claras, pelos salões... que a verdade está se escondendo debaixo do tapete.

***

Quer entender Deus? Preste atenção no ar... Ele está sempre presente.

***

Fiz um teste para ver quem fui em "vidas passadas", e confirmei minha certeza... essa é a minha primeira vez.

***

Que bom seria se os animais fossem tratados como animais e os humanos como humanos...!

***

Parei de corrigir os erros dos outros... Agora, tento apenas corrigir os meus.

***

Não é a vida que passa depressa... são as lembranças que voltam na velocidade do pensamento.

***

Não alfabetize o adulto, alfabetize o filho dele...

***

Analisando a atual situação política do Brasil, eu fico pensando: Como deve ser difícil ser Deus...!

***

Um mentiroso nunca desmente o outro... não é mesmo?

***

Quando você critica a liberdade de expressão de alguém, está perdendo a sua.

***

O ser humano chega a declarar guerra ao outro - só para tomar posse de um pedaço de terra - mas é incapaz de propor união... para salvar o Planeta.

***

Algumas pessoas fazem tudo errado e reclamam que nada dá certo!

***

Sexo devia ser igual unha, ter vinte e crescer a vida toda.

***

Os desonestos são ladrões de sonhos.

***

O homem se diz livre, mas prende até pum.

***

Depois de dobrado outro tempo, não haverá preconceito nem racismo, pois seremos todos diferentes, portando a mesma cor.

***

Se eu nunca tivesse ouvido falar que existe um Criador, hoje eu estaria numa dúvida imensa.

ℱℐℳ